Eres científico

por Marcia S. Freeman y
Thomas F. Sheehan

ROURKE CLASSROOM RESOURCES
•••••••★ *The path to student success*

Desde que naciste, has estado **explorando** tu mundo.

A veces te ensucias.

Cuando miras las fotos coloridas de este libro, cuando sientes sus suaves hojas de papel con tus dedos y escuchas el sonido que producen al pasarlas, reúnes información sobre tu mundo.

¿**Notaste** las pequeñas y brillantes grapas de metal que unen las páginas de este libro?

Los científicos usan sus **sentidos** para reunir información como lo haces tú. Así que eres un científico cuando miras, hueles, tocas o escuchas.

Puedes notar **características** como color, textura, posición, simetría, edad, forma, tamaño y olor.

No es buena idea probar algo para aprender cómo es. ¡No pruebes este libro!

Los científicos notan cosas y se hacen preguntas como tú. Los científicos preguntan: ¿qué? ¿dónde? ¿cómo? y ¿por qué?

¿Qué plantas podemos encontrar aquí?

¿Dónde viven
los antílopes?

¿Cómo patean
la pelota los
futbolistas?

¿Por qué cantan
los gallos?

¿Cómo encuentras las respuestas a tus preguntas? Al igual que los científicos, hay que estudiar y leer.

Tomas una muestra del objeto que estudias para verlo de cerca, al igual que los científicos.

¿Qué atrapará este joven científico en su red?

Eres un científico cuando observas cosas vivas. Puedes hacer un **hábitat** temporal en un **terrario**.

¿Puedes ver esta **tarántula** en su hábitat temporal?

Puede que estudies una mascota
poco común.

Eres un científico
cuando tratas de
comprobar algo,
o sea, cuando
experimentas.

¿Has podido contestar una pregunta de ciencia al tratar de comprobar algo?

¿Será más fácil levantar algo con una polea?

Los científicos **apuntan** lo que ven y lo que observan en un cuaderno.

¿Qué podrías observar y apuntar sobre estas conchas?

Todos los científicos comparten lo que aprenden de su mundo.

Glosario   Definiciones

apuntar   escribir información en un libro o grabarla en casete

características rasgos como color o textura

experimentar hacer una prueba para comprobar una idea

explorar   investigar

hábitat   lugar donde viven plantas y animales

notar   ver, observar

sentidos   vista, audición, tacto, gusto y olfato

terrario   un hábitat temporal en una pecera

Índice